L'ESTHÉTIQUE
ET LE MOUVEMENT FÉMINISTE

CONFÉRENCE FAITE LE 17 JUIN 1899

Au Siège de la Société positiviste de Paris

PAR

LE Dr CANCALON

EXTRAIT

De la **REVUE OCCIDENTALE**

(N^{os} du 1er Septembre 1899 et suivants)

VERSAILLES

IMPRIMERIE AUBERT

6, Avenue de Sceaux.

1899

L'ESTHÉTIQUE

ET LE MOUVEMENT FÉMINISTE

CONFÉRENCE FAITE LE 17 JUIN 1899

Au Siège de la Société positiviste de Paris

PAR

LE Dr CANCALON

EXTRAIT

De la REVUE OCCIDENTALE

(N^{os} du 1er Septembre 1899 et suivants.)

VERSAILLES

IMPRIMERIE AUBERT

6, Avenue de Sceaux.

—

1899

L'ESTHÉTIQUE ET LE MOUVEMENT FÉMINISTE [1]

I

Plus que jamais le féminisme est à l'ordre du jour, mais le mot est de ceux qui ont besoin d'être soigneusement définis. Il est un féminisme qui ne vise qu'à améliorer la situation présente et à faire disparaître de criantes injustices qui sont des survivances d'un passé trop rigoureux pour la femme. C'est une opinion non seulement inoffensive, mais salutaire, tant qu'elle respecte la stabilité du mariage et la hiérarchie de la famille, et ne nous ramène pas à la confusion des fonctions qui caractérise les civilisations primitives.

Il est un autre féminisme extrêmement dangereux, fondé sur le sophisme de la parité cérébrale de l'homme et de la femme. Il réclame en conséquence pour celle-ci le partage des fonctions domestiques, civiles et politiques ; il l'encourage à tenter toutes les professions, il détruit l'harmonie de la famille et attaque l'indissolubilité du mariage.

C'est dans ce sens, c'est-à-dire dans le mauvais sens, que nous prenons le mot féminisme. S'il suffisait, pour être qualifié de féministe, de placer la femme au meilleur rang dans son affection et dans son respect, de reconnaître sa supériorité en bonté comme en beauté, de désirer lui faire aussi larges que possible sa part de

(1) Conférence faite le 17 juin 1899, au siège de la Société positiviste de Paris.

bonheur et sa part d'honneur, de glorifier son rôle conjugal et maternel, de la placer dans la famille comme en un sanctuaire abrité des agitations et des luttes de la vie, de faire d'elle mieux que la reine, la divinité de la maison ; nul n'aurait plus de droit à cette désignation qu'un disciple d'Auguste Comte pénétré des admirables leçons du discours préliminaire sur l'ensemble du Positivisme.

Sa doctrine ne peut être que profondément sympathique aux femmes, quand elles sauront quelle large justice il rend aux qualités morales et même intellectuelles qui sont propres à leur sexe. Il n'en a que plus d'autorité pour les persuader, quand ensuite il maintient que leur office social doit rester distinct. Les raisons qu'il en donne sont à leur honneur et les compensations qu'il leur offre sont à leur profit. Nul avant lui, ni après lui, n'a plus dignement parlé d'elles et n'a concilié la plus austère raison avec le sentiment le plus chevaleresque.

Etudier le féminisme au point de vue de l'art, montrer qu'il va à l'encontre de l'évolution esthétique, c'est s'exposer au reproche de frivolité de la part de ceux qui ignorent le rôle de l'art dans la civilisation et que préoccupe avant tout la question économique et utilitaire. Ils trouveront sans doute que c'est attaquer le problème sous un de ses aspects de moindre intérêt.

Ce serait à tort. Outre que cette manière d'envisager le féminisme est plus neuve et donne lieu à des aperçus qui nous paraissent nouveaux, nous pénétrons ainsi au cœur même du sujet. Les mêmes motifs ont déterminé la conduite de l'homme envers la femme et la part qu'il lui a faite dans ses conceptions esthétiques, et c'est, au moins en partie, en raison de l'œuvre essentiellement sociologique d'idéalisation féminine, que la femme jouit des plus nobles privilèges qu'elle risque aujourd'hui de sacrifier sans compensation.

Mais ce sont là des conclusions qu'il faut préparer, en rappelant d'abord la conception positive de l'art, en étudiant ensuite son évolution qui aboutit à la création d'un idéal féminin servant de prototype pour toutes nos conceptions abstraites de beauté. Ainsi la femme devient chez l'élite de l'Humanité l'objet d'un véritable culte, en même temps qu'elle est évincée de toutes les fonctions politiques et sacerdotales, et réservée à son rôle familial.

Abordant ensuite la critique du féminisme, nous pourrons montrer qu'il n'est qu'un résultat de notre crise morale et de l'interrègne intellectuel. Incapables de se placer au point de vue seul réel et relatif de l'histoire et de l'évolution, ses partisans méconnaissent l'origine biologique de la famille dont est sorti, comme d'une cellule génératrice, tout l'organisme social. Ils prétendent la bouleverser à leur gré et n'ont pas la notion des répercussions inévitables.

Ce ne serait pas la moins regrettable de ces répercussions inaperçues que la déchéance esthétique de la femme. Et cela pourrait suffire au besoin pour affirmer que le succès du féminisme est impossible, même en supposant levées toutes les barrières légales dont nous faisons du reste bon marché, car nous mettons uniquement notre confiance dans le progrès de l'opinion et des mœurs.

Le féminisme répugnera aux meilleures natures féminines, qui continueront à placer leur dignité dans une union indissoluble, et à satisfaire leur vocation réelle dans les grands devoirs et les joies sans égales de la maternité. Et le respect ne sera jamais plus profond que devant de telles femmes.

Il nous restera enfin à montrer comment le Positivisme élargit ces devoirs au niveau des plus nobles ambitions féminines et comment sa conception de la famille réserve à la femme, dans l'avenir, un rôle encore plus beau, un culte encore plus élevé.

II

L'art consiste essentiellement à embellir la réalité et à nous la faire aimer, non telle qu'elle se présente à nos yeux, mais interprétée, ornée et idéalisée.

L'homme, comme beaucoup d'animaux du reste, a le goût naturel de l'ornement et de la parure, et c'est là un des points de départ de l'art. Il semble bien qu'il a porté des colliers, des bracelets, des coiffures compliquées, qu'il s'est tatoué avant de songer à se vêtir. L'art est certainement contemporain du premier essor de l'industrie, s'il ne l'a même précédé et provoqué.

Une autre source de l'art et de beaucoup la principale, c'est l'expression, d'abord spontanée, puis réfléchie et consciente, de nos sentiments.

La parure et les sensations vives et agréables qu'elle procure, c'est la forme inférieure, superficielle et grossière de l'art, sans portée réelle, sans grande efficacité morale, excitant l'homme à l'industrie par la vanité personnelle, plutôt qu'au perfectionnement du cœur.

Mais l'expression de l'émotion humaine devant la nature, devant l'Humanité, à mesure que nous en prenons conscience; voilà l'inépuisable source des sympathies et des admirations bienfaisantes, voilà l'art proprement dit.

Son origine est lointaine et modeste, car nos facultés d'expression ne dépassent guère tout d'abord celles des animaux. Elles se réduisent à peu près à la contraction musculaire, à la mimique, à l'imitation, aux cris, et ne peuvent guère traduire que l'émotion présente et le fait immédiat.

En langage physiologique, nous avons : A. une impression nerveuse d'origine objective, transmise au cerveau par un nerf centripète et aboutissant à une sensation ; B. un ébranlement du centre nerveux sensitif, c'est-à-dire une émotion ; C. une réaction du centre nerveux sensitif dans diverses directions, mais particulièrement sur le système musculaire, par les nerfs centrifuges ; et enfin, D. des contractions musculaires qui constituent l'expression et qui peuvent aller de la mimique de l'action, de la préparation à l'action, jusqu'à l'action elle-même.

L'action musculaire est une dérivation qui soulage la passion quand elle est trop vive, mais remarquons qu'à son tour l'expression du sentiment réagit sur lui pour le confirmer et le fortifier. De même que nous éprouvons une certaine suggestion sympathique au spectacle de l'émotion d'autrui, nous sommes suggestionnés par la manifestation de notre propre émotion.

Notons soigneusement ce point de départ, ce circuit nerveux, qu'on observe chez l'animal comme chez l'homme. Le phénomène va se compliquant infiniment quand il s'agit des grandes productions esthétiques du génie humain, mais il ne change pas de nature et sa base statique reste invariable.

Prenez le chef-d'œuvre le plus complexe de l'art, vous retrouverez toujours ces mêmes éléments essentiels. C'est d'abord la sensation, c'est-à-dire la connaissance du réel, sans quoi l'imagination n'aurait plus de frein et la subjectivité de contrepoids. Nos conceptions les plus fantaisistes sont formées avec des éléments réels arbitrairement combinés.

C'est ensuite l'émotion de l'artiste qui agrandit et embellit l'image de la réalité et le pousse à faire sur elle un travail subjectif d'abstraction et d'idéalisation. C'est encore l'expression, et l'expression esthétique, sans quoi il n'y a ni communication suffisante, ni durée pour l'œuvre d'art.

Et si l'expression est parfaite, si l'émotion est noble et profonde, si le sujet est réel, l'œuvre d'art a pour effet de fortifier notre instinct du perfectionnement et de nous pousser à une activité meilleure.

Ainsi l'art occupe parmi nos fonctions fondamentales une place intermédiaire. Il a pour base la connaissance, pour moteur le sentiment, pour moyen l'expression et pour but l'action.

A mesure que la connaissance grandit et que la science se développe, l'art étend son domaine; à mesure que nos moyens d'expression s'augmentent, l'art gagne en puissance; à mesure que nos sympathies s'étendent, l'art est de plus en plus sollicité, et enfin par lui s'accroît la moralité humaine à laquelle il offre des types de beauté, de bonté et d'activité à admirer et à imiter.

L'art désintéressé, l'art pour l'art, c'est-à-dire l'expression sans l'émotion, est contraire à la nature même de l'art.

Subordonné à la fois à l'intelligence et au sentiment, il manifeste et corrobore leur évolution à travers les âges; il est le meilleur critérium des conceptions et de la moralité contemporaines. Et son efficacité n'a rien perdu de son utilité et de sa puissance. Malgré certains symptômes fâcheux et les affirmations contraires du matérialisme contemporain, l'art, après avoir, dans l'évolution humaine, devancé la science et activé l'industrie, n'a pas à disparaître devant elles, sans quoi il faudrait maudire la civilisation, puisqu'elle aboutirait à tarir la source la plus pure du bonheur et de la moralité.

Notre langue oppose aux divers arts l'art proprement dit. Les arts industriels, les arts libéraux eux-mêmes enseignent à perfectionner dans ses divers modes l'action de cet ouvrier multiple qu'est l'homme; mais l'art, proprement dit, a un but plus élevé, le perfectionnement de l'ouvrier lui-même. Et cette tâche d'éducation supérieure, qui pourrait se flatter qu'elle n'est pas encore très imparfaite et nier que la tâche de l'avenir soit aussi grande que celle du passé?

Les lois sociologiques doivent trouver en biologie, suivant le principe posé par Auguste Comte, une première et partielle vérification, au moins dans leurs conditions statiques. Nous devons donc trouver chez les animaux, ainsi que la similitude de leurs moyens d'expression et des nôtres permet de le pressentir, sinon l'art lui-même, au moins une ébauche de l'art.

Bien que placés au-dessous des mammifères, les oiseaux sont de tous les animaux ceux dont les goûts et les manifestations esthétiques se rapprochent le plus des nôtres. Ces manifestations sont provoquées chez eux par l'instinct de la reproduction.

En même temps que, par leurs accouplements durables ou passagers, ils réalisent une ébauche de la famille, connaissent l'attachement au moins momentané, le dévouement, la prévision, les satisfactions exemptes d'égoïsme, et comme dit Auguste Comte, *le bonheur de vivre pour autrui*, ils font preuve, par leur façon de se faire la cour, par leurs chants, leurs attitudes, par la construction et l'ornementation de leurs nids, de sentiments et de goûts analogues aux nôtres.

Beaucoup d'entre eux charment leurs compagnes, célèbrent leurs amours et leur paternité par des chants qui nous plaisent et les placent parmi nos artistes préférés. Ils complètent le décor de la nature en lui donnant des voix. C'est grâce à eux que s'achève la symphonie du printemps, et c'est en partie par le spectacle de leur joie de vivre et d'aimer qu'elle éveille en nous des sentiments de gaîté, de sympathie et de sociabilité.

Tout leur art de plaire ne consiste pas à chanter. Ils

emploient aussi des attitudes expressives. Ils défilent avec grâce ou dignité, ont de véritables danses et parfois des mouvements qui nous paraissent bizarres et fantastiques. Enfin ils font argument de leur beauté et étalent les ornements dont ils sont parés.

Et cette riche parure que beaucoup portent avec fierté, il faut en faire honneur à l'espèce d'après les lois de la sélection sexuelle. A côté de la loi de combat qui impose la victoire du plus fort et du plus brave et développe chez certaines races une extrême combattivité, il y a place pour le libre choix en faveur du plus beau et du plus élégant. Il en résulte chez les mâles une accumulation héréditaire d'agréments divers : houppes gracieuses, aigrettes, corsages chatoyants, longues pennes majestueuses, sans parler des crêtes, des caroncules, des protubérances, etc. C'est donc au bon goût des uns qu'il faut faire honneur de la beauté des autres.

Notons en passant que, s'il pouvait raisonner, l'animal acquerrait la conscience qu'il doit sa beauté et sa force aux générations qui l'ont précédé et qui ont peu à peu perfectionné un état primitif beaucoup plus modeste.

Certains oiseaux ont un goût marqué pour les objets colorés. Il est des espèces australiennes qui construisent des berceaux distincts de leurs nids, des salles de réunion pour se faire la cour et qu'elles ornent de tout ce qu'elles peuvent trouver de brillant. En somme, les oiseaux manifestent en architecture et en ornementation des goûts esthétiques supérieurs à leurs moyens d'exécution.

A l'occasion de la fonction de reproduction, il se fait entre le père et la mère une division du travail qu'il est important de noter. A la femelle incombe presque toute l'œuvre, dans laquelle elle s'absorbe complètement. Le mâle n'a qu'un rôle très secondaire : il protège, il nourrit, il supplée parfois dans l'incubation. Le coq dans nos basses-cours, combattif et polygame, paraît indifférent à l'œuvre de la maternité. Il n'en est pas de même du pigeon, type du monogame aimant et fidèle.

Quelle que soit l'espèce, le mâle est plus fort, plus beau, mieux doué pour le chant et les autres manifestations artistiques. Il paraît se complaire dans ses grâces personnelles, comme on le voit par l'exemple du paon, du dindon et des oiseaux chanteurs. Nous retrouverons ce trait très accusé dans le caractère du sauvage.

Nous n'insisterons pas sur les espèces animales voisines de l'homme. On constate chez elles également la supériorité du mâle en force, en taille, en ornements, et la même division du travail par rapport à la reproduction. La mère n'a pas seulement le fardeau de cette fonction essentielle ; c'est elle qui presque seule prend soin des petits, les élève et s'élance la première à leur défense.

Les découvertes modernes relatives à l'homme préhistorique nous ont fourni les documents les plus précieux sur les débuts de l'Humanité. Elles ont démontré que l'existence de l'homme, avec sa conformation et ses facultés, remonte au delà des dernières périodes géologiques, c'est-à-dire que la période historique n'est qu'un instant par rapport à la vie de l'espèce. Nous n'avions auparavant aucune idée de la durée de cette phase pendant laquelle l'homme avait, par des progrès extrêmement lents, perfectionné peu à peu ses moyens de défense et d'attaque, assuré contre les espèces rivales sa domination sur la planète, créé les premières ébauches de l'art et de l'industrie, et préparé par ces très humbles débuts l'essor si rapide et si brillant de la civilisation. La notion de cette immense préparation n'est sans doute pas présente à ceux qui supposent pouvoir changer du jour au lendemain des rapports essentiels fondés sur l'hérédité.

Les hommes de l'âge de la pierre dont on retrouve partout les traces, mais qu'on a particulièrement étudiés dans les cavernes de la Dordogne et des Pyrénées, étaient contemporains d'espèces animales disparues. Il nous reste les ossements, débris de leurs repas, les outils et les armes taillés surtout dans le silex dont l'utilisation a constitué l'industrie primitive et fondamentale. On a retrouvé des documents infiniment précieux qui témoignent des aptitudes artistiques de ces lointains ancêtres.

Un dessin trouvé à Laugerie-Basse représente une femme nue qui porte un collier et des bracelets. L'ornement a donc précédé le vêtement. Du reste, on a la preuve qu'ils se tatouaient. L'hématite rouge dont les sauvages actuels se servent pour cet usage ne leur était pas inconnue. On en trouve de petites provisions dans des coquillages, parmi les autres reliques.

Un dessin ! quelle merveille, au milieu de ces débris, de ces os brisés, restes de proies dévorées crues, de rencontrer, gravés à la pointe, des portraits d'animaux disparus et, plus rarement, avec moins de soin et, semble-t-il, un moindre intérêt, des représentations de l'homme lui-même !

Déjà la forme heureuse, parfaitement adaptée, des outils de pierre indique un sens réel des proportions et de l'harmonie et une étonnante habileté dans l'exécution. L'ouvrier se montre appliqué à orner l'instrument autant que le permet la pauvreté des matériaux et des moyens de travail.

On n'en demeure pas moins très surpris du degré de talent auquel ont atteint ces premiers dessinateurs, gravant à la pointe de silex sur un morceau d'ivoire, sur un fragment de roche schisteuse, sur un bois de renne, la figure du mammouth, du renne, du cheval, etc. Devant ces vestiges entre tous vénérables, il est permis de se sentir aussi ému que devant les plus beaux chefs-d'œuvre de l'art. Si les frises du Parthénon sont le résumé et comme l'efflorescence d'une civilisation complexe et magnifique, ces humbles dessins préhistoriques nous montrent l'art dans ses débuts, précurseur de la civilisation, sollicitant l'intelligence dès son éveil, premier agent d'expression durable et de continuité intellectuelle et morale.

Ainsi l'homme ne portait pas de vêtements, ignorait l'art de bâtir des huttes et profitait des abris naturels que lui disputait l'ours des cavernes, n'avait pas inventé l'écriture, ne pratiquait aucun culte (à moins que ces portraits d'animaux ne soient considérés comme la primitive expression d'un culte fétichique); ainsi l'industrie était à peine née et réduite encore à deux ou trois outils rudimentaires et la science complètement à naître, et l'homme était déjà un remarquable artiste ! Le négociant russe qui découvrit dans les glaces de la Néva le cadavre conservé d'un mammouth et le dessina pour l'académie de Saint-Pétersbourg fit un dessin moins ressemblant que celui du troglodyte de la grotte de la Madeleine.

Que fut la famille à ces époques lointaines ? quels étaient les rapports de l'homme et de la femme ? nous ne pourrions que le conjecturer.

Des observations beaucoup plus complètes nous ont été fournies, tant sur la condition primitive des femmes que sur les origines de l'art, par l'observation des peuples sauvages, attardés dans les phases primitives de la civilisation. Un arrêt de développement les a maintenus dans un état mental que nos ancêtres, mieux doués ou plus favorisés par les circonstances, sans toutefois différer d'eux fondamentalement par la constitution cérébrale, ont depuis longtemps dépassé. L'étude du sauvage nous fait comprendre l'enfance de l'humanité, de même que si nous nous reportons à notre propre enfance individuelle, nous comprendrons beaucoup mieux la mentalité du sauvage.

D'abord on a pu constater que, sous tous les climats et chez tous les peuples, l'homme et la femme diffèrent par des caractères constants et que ces caractères sont au moins aussi importants dans l'espèce humaine que chez les animaux. Partout la femme est inférieure comme taille et comme force. Sa tête est plus petite, son bassin plus large, son système musculaire moins développé, ses formes plus arrondies, plus infantiles. Son développement est plus précoce. Son intelligence est souvent plus vive, plus prompte à s'assimiler et à saisir les nuances, mais moins capable d'effort soutenu et de force créatrice. Partout son caractère est plus doux, plus affectueux et plus souple, et son instinct maternel aussi spontané que puissant. L'homme est plus fort, plus égoïste, plus combattif, d'une intelligence plus étendue et j'ajoute plus capable de création artistique.

Presque partout chez les peuples sauvages, nous voyons la femme réduite à l'état d'esclave qui est la proie du plus fort, de bétail qu'on achète et qu'on revend. Elle est vouée aux plus durs travaux et toujours exposée au rapt et à l'abandon.

Il semble qu'au début de la civilisation, les instincts moraux qui font que l'animal aime et protège sa compagne et se dévoue à ses petits subissent une éclipse, nous ne disons pas une régression, car les animaux supérieurs ne nous donnent pas de spectacle aussi répugnant et ne pratiquent pas l'infanticide, comme tant de tribus. Les premiers progrès de l'intelligence, dans la continuité des luttes et l'insécurité de la vie, se seraient-ils réalisés au seul profit de la force et au détriment des instincts sympathiques ?

La femme est méconnue jusque dans sa maternité !

L'homme primitif ne se croit pas le fils de la femme ;

il est uniquement le fils de son père, le fils des guerriers ses aïeux et des dieux protecteurs. La *couvade*, cet usage qui nous paraît si étrange et qu'on retrouve en divers pays, est bien dans la logique du sauvage. Après les douleurs de l'enfantement, l'époux se met au lit et reçoit les soins et les félicitations.

La croyance des âges primitifs, dit Fustel de Coulange (1), telle qu'on la trouve dans les Védas, et qu'on en voit des vestiges dans tout le droit grec et romain, fut que le pouvoir reproducteur résidait uniquement dans le père. Il est résulté de cette vieille opinion qu'il fut de règle que le culte domestique passât toujours de mâle en mâle et que la femme n'y participât que par l'intermédiaire de son père ou de son mari.

La religion primitive qui a contribué, beaucoup plus que les sentiments naturels, à fixer les lois de la famille et à en faire avant tout une association religieuse, place la femme en un rang tout à fait inférieur. Le père est le pontife du foyer : quand la mort viendra, il sera dieu à son tour. Mais la femme qui renonçait, en se mariant, à ses ancêtres et à son culte, participait au culte de son époux, sans devenir la maîtresse du foyer. Elle ne prenait jamais rang dans la série des ancêtres. Mise au tombeau, elle n'y recevait pas un culte spécial. Dans la mort, comme dans la vie, elle ne comptait que comme un membre de son époux.

Ainsi cette religion primitive fait un dogme de la subordination absolue de la femme, et la forte organisation de la famille latine, noyau de la puissante cité romaine, repose sur la dictature de l'époux.

Les peuples sauvages, chez qui la famille est à peu près incoordonnée, dont l'état social reste par conséquent embryonnaire, dont la religion n'est qu'une

____

(1) *La Cité antique.* — Liv. 1er, page 38 et *passim*.

ébauche de fétichisme, nous montrent dans sa spontanéité et sa naïveté l'égoïsme vaniteux qui paraît naturel
à l'homme.

Le sauvage est très attentif à son apparence personnelle. Il a un goût passionné pour les ornements et met
beaucoup de patience, de soins et de peine à se tatouer.
Un Indien de l'Amérique du Sud dépense le produit de
quinze jours de travail pour se procurer une dose de
chica employée à la peinture de son corps.

Humboldt fait remarquer que le tatouage eût mérité
d'être étudié comme un art aussi compliqué que celui
du vêtement, avec ses modes, ses vicissitudes et sans
doute ses écoles diverses.

En Afrique, où le commerce des perles et des verrote-
ries est très florissant, la mode change très souvent quant
au choix de ces objets et de la couleur préférée. C'est
encore par goût de l'ornement que les sauvages se ba-
lafrent de diverses manières, se percent les oreilles, la
cloison du nez et les lèvres pour y introduire des anneaux
et autres objets qu'ils croient décoratifs.

Ils aiment la danse avec passion et se réunissent souvent pour célébrer des fêtes. Ils défilent en processions
pompeuses, particulièrement pendant les nuits, au son
d'instruments discordants.

Les hommes ont le privilège de se livrer seuls aux
danses de chasse et de guerre et font parade de leurs
talents chorégraphiques.

Ils sont de plus, et abondamment, improvisateurs de
poésies et de chansons, de satires contre leurs ennemis.
Leurs essais de sculpture sont grossiers et leur servent
de fétiches. Enfin ils se livrent à des jeux de toutes
sortes.

Ainsi le sauvage (surtout africain) est un être gai,
puéril, enjoué, expressif et bruyant, avide de plaisirs.
Il a des dispositions spontanées, peu raffinées, il est vrai,

mais très vives pour les arts. Son effort esthétique, proportionné à son ignorance et à son égoïsme, consiste principalement à faire valoir sa personne. C'est un enfant vaniteux.

Il ne se reconnaît, comme nous l'avons dit, aucun devoir envers la femme; telle est du moins la règle à peu près générale. Les chefs donnent l'exemple d'avoir autant de femmes qu'ils en peuvent acheter et nourrir. La possession de celles-ci est une cause fréquente de guerres entre tribus différentes ou entre individus. Obligées aux plus durs travaux, participant même aux fatigues de la guerre, elles n'ont part ni aux meilleurs aliments, ni aux plus belles parures, ni aux copieux loisirs de l'homme.

Voilà d'où nous voyons monter l'humanité, sortie de plus bas encore. Nous ne nous attarderons pas à opposer au passé le tableau du présent et les sentiments d'un sauvage pour la femme à ceux d'un Français de ce temps, ayant une culture et une moralité normales; nous en sommes à juger l'éducation d'un homme et la civilisation d'un peuple au respect qu'ils manifestent pour elle.

Un si grand changement n'a pu se faire que peu à peu, concurremment avec d'autres progrès qui le conditionnent. Si l'homme a cessé d'être à lui-même son propre idéal et son unique but, s'il a mis aux pieds de la femme ses prétentions et sa vanité, s'il a humilié sa force et sa combattivité devant la faiblesse et la grâce, c'est parce que son intelligence s'est élevée à une meilleure conception du monde et de lui-même, c'est aussi parce que le développement de l'industrie a permis de remplacer la violence et la guerre par le concours volontaire et de développer les sentiments sympathiques. L'art n'a pas seulement consacré ces progrès et marqué les étapes de cette ascension; il a, chez l'artiste de génie, un rôle d'intuition et de divination qui lui permet de dégager la pensée encore implicite, d'annoncer et d'éclairer la marche en avant.

Si nous avons tant insisté sur les états primitifs, c'est qu'il est essentiel de ne jamais les perdre de vue, si nous voulons rester dans la relativité et apprécier à leur juste prix les conquêtes dont l'Humanité nous a fait héritiers. C'est un point de repère essentiel dans la trajectoire qu'elle suit.

C'est aussi parce que ces états primitifs ne sont pas encore complètement effacés de notre hérédité intellectuelle. Eux seuls nous expliquent tant de survivances obscures, que quelques milliers d'années de civilisation n'ont pu faire disparaître de nos consciences et ces contradictions qui paraissaient monstrueuses à Pascal, et ces reculs vers le passé, alternant et même coïncidant avec de si belles aspirations pour le mieux. Nous oscillons sans cesse entre les habitudes du passé et l'idéal d'avenir en formation dans notre intelligence et que l'art, agent d'évolution, travaille à dégager.

> C'est hier qui nous a, quand demain nous attire,
> Et quelque chose en nous constamment se déchire (1).

L'histoire de l'Humanité et celle de notre conscience individuelle sont tout entières dans ce conflit de chaque jour. Le progrès s'en dégage peu à peu et le passé nous encourage à l'optimisme; mais ce progrès ne se fait pas au hasard, il a des lois que nous devons nous efforcer de connaître et de seconder.

III

Il est facile et instructif pour notre sujet de comparer la place faite à la femme et celle qui est réservée à l'homme dans l'œuvre des sculpteurs anciens et mo-

---

(1) Guimberteau, *le Devenir humain*.

dernes. Il suffit d'entrer dans une exposition ou dans des musées d'art tels que le Luxembourg et le Louvre.

Nous choisissons la sculpture parce qu'elle permet des comparaisons avec l'antique qui ne sont pas possibles avec les autres arts. Sans remonter, comme de plus érudits pourraient le faire, aux arts plus anciens de la Chaldée et de l'Egypte, ou même à la Grèce primitive, nous nous trouvons, par rapport à l'art grec classique, dans un reculement suffisant pour noter des différences qui nous intéressent. Le point de vue très particulier auquel nous nous plaçons nous dispense de compétence critique spéciale à laquelle nous ne prétendons pas.

Nous sommes frappé tout d'abord de la convergence spontanée des artistes modernes, malgré la diversité des écoles et des inspirations. C'est le triomphe complet de la femme, soit comme simple type de la beauté, soit comme représentation de nos conceptions intellectuelles et de nos sentiments les plus complexes.

L'homme représenté pour sa seule beauté serait désormais peu suggestif et donnerait plutôt une impression de malaise. Il sert surtout à représenter nos diverses activités : intellectuelle, guerrière, industrielle, agricole, ou les jeux et les sports. L'artiste le spécialise dans un acte, et l'harmonie qu'il cherche, c'est le consensus des contractions musculaires, pour traduire cet acte aux yeux, avec économie d'effort. Ce serait un souci très inférieur que celui d'enjoliver un soldat ou un penseur.

S'agit-il au contraire de la représentation synthétique et harmonieuse d'une conception abstraite éloignant l'idée d'effort et d'activité spécialisée, c'est la femme qui l'emporte, et jamais la représentation n'est trop belle ni la conception trop haute au gré de nos deux tendances parallèles de progression intellectuelle et de culte féminin.

Ainsi la femme représente non seulement la beauté et la grâce, mais la bonté, la charité, la providence maternelle, la piété du souvenir, l'Humanité, l'inspiration artistique, les arts divers, le patriotisme même, conception particulièrement virile, et encore la patrie en alarme, telle la *Marseillaise* de Rude, sublime comme la *Victoire de Samothrace!* C'est en revêtant de la forme féminine de tels sentiments généraux et beaucoup d'autres que nous pourrions énumérer que l'art révèle les véritables tendances de la mentalité contemporaine.

Quand la sculpture fait le portrait d'un personnage en l'idéalisant dans la mesure souvent très restreinte où la ressemblance le permet, elle fait une œuvre presque uniquement concrète, d'où l'esthétique abstraite peut être à peu près absente, l'habileté technique y suffisant à la rigueur.

Quand elle veut représenter l'homme en action, dans l'accomplissement d'une de ses fonctions, le geste de l'athlète ou du guerrier, l'effort musculaire du travailleur, ou bien encore une espèce animale, s'il est nécessaire en ces divers cas que la ressemblance concrète soit observée, d'autre part, il y a place pour un travail d'abstraction et d'idéalisation. L'artiste ne prendra pas un athlète ou un laboureur quelconque; il combinera et résumera les attributs les plus caractéristiques et les plus harmonieux afin de construire un type à la fois réel et abstrait, ressemblant et idéalisé; mais ce n'est là qu'un degré secondaire d'abstraction et d'idéalisation.

Notre intelligence s'élève à des combinaisons d'abstractions, à des idées générales supérieures à toutes formes particulières, à des conceptions d'êtres collectifs, et l'art s'efforce encore de les représenter. Pour le faire, l'artiste n'a plus à se préoccuper d'une ressemblance impossible à réaliser; libre dans son effort d'idéalisation, il cherche par quelles associations d'idées il éveillera en nous celle qu'il a voulu rendre visible.

La seule obligation qui le lie est de l'exprimer sous

la forme humaine, mais il a le choix du sexe qu'il jugera le plus digne de la représenter, car nos conceptions générales n'ont pas de sexe; la justice, la patrie, l'Humanité, l'altruisme, l'art lui-même ne sont pas pour le penseur personnifiés dans l'homme ou dans la femme.

L'artiste en décide d'après son propre idéal et le sexe qui l'emporte dans son choix est celui qu'il juge plus capable de représenter la beauté physique et morale et d'éveiller dans l'âme du spectateur plus de sympathies. Depuis qu'il est affranchi de l'obligation d'emprunter les figures mythologiques, l'artiste nous donne par son choix spontané un premier moyen d'apprécier le milieu social et ses tendances. Enfin rappelons-nous qu'en vertu de la réaction de l'art sur l'intelligence et l'activité, le sexe choisi habituellement par les artistes pour de telles représentations deviendra de plus en plus associé dans nos esprits aux plus vastes conceptions et aux plus nobles sentiments, comme doué de beauté plus grande, d'harmonie supérieure, comme l'archétype de l'art, en un mot!

Si donc l'art a besoin de la femme pour exprimer non seulement l'amour et le charme et la beauté, mais aussi nos pensées les plus viriles par leur énergie et leur étendue, la femme, de son côté, tire un inappréciable profit de cette glorification continue. C'est une auréole contre laquelle une froide analyse n'aurait le droit de protester que si la femme, abdiquant ses qualités les plus touchantes, aspirait réellement à devenir un simple diminutif de l'homme. Mais heureusement l'art contemporain n'offre pas de trace sérieuse d'une pareille tendance, sans doute parce qu'elle est très superficielle.

Il est vrai que les croyances passées ayant épuisé leur pouvoir d'inspiration, l'artiste que ne suggestionnent pas des *pensers nouveaux* tombe souvent dans de fastidieuses redites ou choisit des sujets d'une étonnante insignifiance. Mais il en est d'autres qui, visiblement, rajeunissent leurs conceptions dans la science et la philosophie de leur temps. La palme appartiendra à ceux qui, aidant à la reconstruction qui s'élabore, créeront un nouveau symbolisme évocateur des dogmes qui surgissent, et peupleront un autre Olympe de nos providences réelles : famille, patrie, Humanité, et de leurs meilleurs serviteurs. Sans renier désormais aucune époque de l'histoire, ils laisseront leurs mythes aux artistes du passé et ne leur déroberont, s'ils le peuvent, que le secret de la beauté dont ils les ont revêtus.

Nous avons dit que l'art moderne consacre le triomphe de la femme ; ce n'est pas que nous méconnaissions la perfection de la forme féminine chez les artistes grecs. Mais sans doute parce qu'elle est plus voisine des temps primitifs, la sculpture grecque est loin d'avoir un idéal de beauté aussi exclusif. Elle hésite visiblement, pour ne pas dire plus, entre la forme féminine et la forme masculine. On surprend cette tendance, non pas seulement par le choix des sujets qui lui est imposé par le polythéisme dominant, mais par la façon dont ils sont exécutés.

La femme, ou, si l'on veut, la déesse, est moins ornée, plus simple dans son attitude, moins expressive dans sa physionomie, que le dieu. Si elle est représentée agissant, elle apparaît souvent dans un rôle qui n'est pas celui de son sexe, telle *Atalante disputant le prix de la course,* telle *Diane chasseresse ;* Minerve est une admirable conception qui personnifie la divine Sagesse, mais elle résume aussi des attributions contradictoires : elle est la déesse guerrière et plante l'olivier.

Certains Bacchus et certains Apollons nous étonnent par la façon dont ils sont coiffés et parés, par la mollesse de leur attitude. A quelques mètres de distance, et d'après nos habitudes modernes, nous sommes tentés de les prendre pour des déesses, tant l'ensemble est efféminé.

Et combien, d'autre part, de sujets traités en vue d'idéaliser l'homme en tant que beauté et expression, et qui le font rivaliser avec les Muses et les Grâces, sans parler de ces hermaphrodites qui symbolisent bien les tendances de l'art grec.

Cet art reflète des mœurs encore mal réglées, mais il traduit également aux yeux une idéalisation incomplète de la femme. Si la forme de ses déesses est d'une incomparable harmonie, ne doivent-elles pas leur majesté impassible à ce que la vie végétative n'est pas troublée en elles par la pensée et le sentiment. La vie morale sommeille derrière ces masques si calmes. C'est nous qui les animons avec notre enthousiasme et l'impossibilité où nous sommes d'associer tant de perfection physique à tant de passivité.

La Grèce importa à Rome son art et ses artistes, et l'art romain n'est que la continuation de l'art grec. Comme il devait arriver dans une civilisation essentiellement militaire, la sculpture ne représente pas seulement les nombreuses divinités, elle glorifia les chefs victorieux et déifia les Césars.

Le christianisme fit une guerre implacable à toutes les manifestations du polythéisme. Vainqueur, il détruisit les temples et leurs chefs-d'œuvre, trop longtemps complices à ses yeux de la mythologie. Tout le peuple des dieux et des déesses qui trônaient dans le ciel, sur la terre et dans le cœur de l'homme s'évanouit sous les cris de la malédiction. L'Humanité subit la plus brutale rupture de continuité qu'elle ait jamais connue.

Les légendes d'Orient qui faisaient cortège au dogme monothéiste étaient, en ce qui regarde la femme, tout empreintes de la dureté des temps primitifs. Elle est d'abord absente du monde surnaturel qui se peuple d'anges et de démons, et c'est lentement qu'elle conquiert une place parmi les élus et qu'elle apparaît, les mains jointes, les paupières baissées, symbole de pureté et d'humilité, dans la décoration de nos cathédrales. C'est peu à peu que grandit dans la piété des fidèles celle qui personnifiera non seulement la sainteté, mais encore la maternité. Mais la sainte reste toujours le simple reflet du saint, du pasteur qui la domine du haut de sa fonction sacerdotale. Le nu a disparu de l'art et l'artiste, plus sincère qu'habile, s'efforce uniquement d'exprimer le sentiment et l'élan du cœur. Si l'on peut reprocher à l'art grec la recherche trop exclusive de l'harmonie des formes et de la beauté, l'art purement chrétien n'est pas moins incomplet dans son ascétisme trop absolu.

Au moyen âge, l'art chrétien triomphe dans l'architecture. La sculpture proprement dite ne fleurit de nouveau qu'après avoir longtemps joué un rôle accessoire dans l'ornementation des édifices. Elle cherche alors à exprimer la beauté intérieure et non la beauté plastique ; mais la naïveté de l'artiste et la simplicité du modelé n'empêchent pas l'expression d'être souvent noble et juste, et parfois pleine de finesse et de grâce.

Le culte de la Vierge prend, à partir du xiie siècle, une extension croissante et le progrès des mœurs, comme l'évolution des idées, incite l'art à briser l'étroite rigidité du dogme. La Renaissance vint presser ce mouvement en ajoutant à l'étude de la nature, à laquelle on revenait spontanément, la vue des chefs-d'œuvre antiques. L'art prend alors sa revanche des longs siècles d'ascétisme. Les dieux et les déesses du paganisme, ensevelis depuis mille ans sous le poids des ruines et des anathèmes, ressuscitent et de nouveau sont acclamés et presque divinisés. C'est en étudiant la Renaissance qu'on peut voir combien l'esprit humain avait progressé sous le régime si décrié du moyen âge.

A voir l'ardeur des artistes à reproduire les sujets mythologiques, on pourrait croire à une rétrogradation de l'esprit humain faisant retour à des dogmes épuisés, contrairement à l'évolution normale de l'intelligence et de l'art. Auguste Comte, dont le génie dégage toujours l'élément essentiel d'une situation historique, nous donne la raison de ce recul apparent.

A l'époque de la Renaissance, l'esprit critique a remplacé la foi religieuse, mais l'esprit critique n'a pour inspirer l'art qu'une efficacité bien limitée ; il est plutôt contraire à tout idéal et à tout enthousiasme. La doctrine régnante est déjà en décomposition, et jusqu'à la religion de l'Humanité, il ne naîtra plus désormais de doctrine organique. Mais cette religion positive, si déjà elle existe virtuellement et agit efficacement au fond de la conscience humaine, est encore en préparation. Il faudra des siècles avant que surgisse Auguste Comte, par qui elle sera non pas inventée ni créée, mais formulée, et, en forçant un peu l'expression consacrée, révélée.

Nous constatons donc à cette époque non pas une éclipse du sentiment (s'il s'affranchit du dogme, c'est qu'il aspire à une croissance et à une expansion nouvelles), mais un interrègne doctrinal, une absence de synthèse coordinatrice.

Dans ce passage, dans cette transition, il était naturel que l'art n'empruntât pas uniquement ses sujets au christianisme et s'inspirât aussi de la mythologie et de l'histoire ou de la nature. La confiance dans la sagesse antique n'avait pas été ébranlée et coexistait avec une foi désormais mitigée. Le retour aux sujets antiques prouve seulement l'impuissance du christianisme à rester l'unique source de l'inspiration artistique. Aurions-nous tout Raphaël sans l'Ecole d'Athènes et tout Vinci sans la *Joconde?*

Il serait injuste de dire que l'art de la Renaissance aborde ces sujets divers avec une indifférence égale ;

c'est au contraire avec un enthousiasme égal. Ivre de
vérité et au fond d'humanité, cet art cherche partout la
sincérité du sentiment. Nous ne pouvons refuser à ces
artistes, qui traitaient avec tant de conscience des sujets
empruntés à des phases historiques si différentes, le
mérite d'avoir eu le sens de la relativité et, par l'idéalisation rétrospective des diverses époques du passé,
d'avoir élevé l'art à sa plus haute fonction.

C'est particulièrement au point de vue moral que
l'absence d'une direction s'est fait sentir. Trop souvent,
à l'époque de la Renaissance et depuis, l'art a failli à sa
mission d'éducation et a suivi ou favorisé la dissolution
des mœurs.

Pour nous en tenir à la sculpture, qui cède, à partir
de la Renaissance, le pas à la peinture comme manifestation de la pensée esthétique, elle revient à l'étude du
nu et de l'anatomie, elle rivalise avec l'antiquité pour
la splendeur de la forme et la surpasse par l'expression
plus complète et plus complexe du sentiment.

Sa préférence pour le nu, auquel répugnent les sujets
religieux ou même simplement historiques, la pousse
à rééditer les thèmes antiques. On pourrait, en voyant
réapparaître les androgynes, les Endymion, les Anti-
noüs, les Narcisse ou les Hyacinthe, supposer que
l'idéal féminin reste contesté; mais il est facile de voir
que ce sont là de simples imitations suggérées par le
respect exagéré de l'antique. En réalité, son inspiration
propre, dégagée des conventions classiques, la pousse
de plus en plus à représenter l'homme dans ses qualités
de force, de courage et de pensée, et à réaliser les conceptions les plus idéales par la forme féminine. Les innombrables figures allégoriques représentant les enti-
tés que crée à profusion la philosophie métaphysique
en fournissent la démonstration. Presque toujours ces
abstractions sont représentées sous la figure d'une

femme. Celle-ci exprime de plus en plus la beauté non seulement plastique, mais morale, les sentiments personnifiés et les plus hautes généralisations.

La crise rendue manifeste à l'époque de la Renaissance n'a pu qu'aller en empirant, puisque aucune doctrine n'a réussi encore à rallier pleinement les intelligences et à gouverner les consciences. Mais l'art n'en suit pas moins sa marche dans la direction que nous avons dite, et l'instinct qui le guide agit malgré les doctrines officielles et à travers toutes les situations.

Ce serait le moment de montrer que la femme tient dans les œuvres des poètes une place de plus en plus importante et de plus en plus honorable. Il serait facile, en suivant les sommets : Homère, Eschyle, Euripide, Sophocle, Virgile, Dante, Shakespeare, Corneille, Racine, Gœthe, etc., de prouver que les plus grands génies sont particulièrement ses glorificateurs. Passant ensuite à la peinture et à la musique, on constaterait que leurs inspirations sont le plus souvent puisées à la même source. Mais ce serait agrandir démesurément notre tâche et nous devons laisser au lecteur le soin de combler cette lacune avec ses souvenirs, ce qu'il fera sans peine.

Mais nous devons constater, au moins en quelques mots, l'abdication que l'homme a faite de ses prétentions esthétiques d'ordre inférieur. Après avoir joué un un grand rôle dans les cultes primitifs, alors que le sentiment n'avait pas les mêmes moyens qu'aujourd'hui de s'exprimer, la danse, bien que déchue de son importance, resta jusqu'à une époque récente une de ses vanités. Il y eut, même au siècle dernier, sur les théâtres, des danseurs qui rivalisèrent de réputation avec les plus grands artistes. Déjà le ballet au théâtre nous apparaît comme une survivance du passé qui nous laisse plus froids. Quant au danseur qui se montre sur la scène dans un autre but que celui de faire valoir les danseuses, c'est-à-dire qui prétend danser pour son compte personnel, on m'accordera, je pense, qu'il devient une variété rare et peu intéressante. Imagine-t-on qu'un danseur puisse obtenir désormais une telle popularité qu'il en arrive à dire, si infatué qu'on l'imagine, ce que disait Vestris au siècle dernier : « Il n'y a que trois hommes en Europe : moi, Voltaire et Frédéric? »

L'homme a conservé jusqu'à une époque très récente le goût atavique de la parure, des panaches, des étoffes brillantes, des rubans, des perruques volumineuses. L'éclat du costume affirmait les distinctions sociales ou simplement la richesse. Aujourd'hui, la dernière chose dont *l'honnête homme* puisse se piquer est la toilette, et les plus opulents se contentent d'une mise décente. Les costumes brillants en imposent encore, mais sont réservés à certaines professions parfois tout à fait subalternes. D'autre part, le vêtement masculin tend à la fixité comme à l'uniformité. Nous sommes choqués par la vue d'un homme trop paré, comme par les prétentions d'un danseur, comme nous le serions aussi si nos sculpteurs s'attardaient encore à des sujets androgynes.

Ainsi, pour nous résumer, une des formules du développement de l'art et de la civilisation, c'est l'idéalisation de la femme. Cette formule, il nous a paru intéressant de la dégager en raison de la subordination de l'art au sentiment et aux conceptions intellectuelles, et parce que c'est beaucoup par l'intermédiaire de l'art que nos conceptions et nos sentiments prennent de la précision et de l'efficacité pratique. L'amélioration constatée du sort de la femme à travers les âges n'est pas indépendante du développement de l'art.

A l'inverse de l'évolution biologique qui embellit le mâle et fortifie en lui l'aptitude à plaire, à l'inverse des dispositions primitives du sauvage qui méprise, opprime et exploite la femme, l'évolution sociologique s'est faite au profit de la femme. Elle s'est faite, c'est évident, en raison du progrès économique, en raison du développement intellectuel, en raison des notions de droit et de justice. Mais tout cela ne suffit pas pour expliquer et justifier la place que la femme occupe désormais. C'est l'art qui lui a donné plus que la stricte justice, en lui dressant un culte, en mettant au cœur de l'homme une piété pour elle, et c'est là le point le plus important. Il suffirait à prouver que l'évolution ne se fait pas seulement au profit du plus fort, du plus apte à la lutte, par un procédé pour ainsi dire automatique que nous expose, avec sa science et sa puissante logique, M. Herbert Spencer.

Nous pouvons accepter jusqu'à un certain point la théorie de l'évolution, à titre d'hypothèse vérifiable, par la paléontologie et l'embryogénie, et admettre que ses lois persistent dans leur sphère d'action, là surtout où la force aveugle continue à dominer. Tant que l'homme a vécu sans souvenir du passé, sans prévision de l'avenir, sans conception du monde, tant qu'il n'a été que le premier des animaux, il a été soumis aux mêmes lois qu'eux, aux conditions d'existence individuelle, de propagation de l'espèce, de réaction du milieu, en un mot, aux seules lois biologiques.

A partir du moment où l'homme devient mûr pour la société, s'élève à ses idées générales sur l'univers et s'en fait un système en raison duquel il cherche à régler sa conduite, il entre en jeu de nouveaux facteurs pour lesquels les formules de M. Herbert Spencer deviennent trop étroites, et son impuissance à expliquer le mouvement historique flagrante.

Ce ne sont plus alors les forces et les réactions brutales qui mènent l'évolution, ce sont les conceptions de la pensée humaine, et la loi de ces conceptions telle que l'a formulée Auguste Comte est la loi de l'évolution historique. Son génie a éclairé mieux qu'aucun autre le mouvement si complexe et en apparence si incohérent de l'Humanité. Nous pouvons accepter la théorie de l'évolution organique, mais nous superposons le Positivisme à cette théorie comme la seule explication de l'évolution sociologique, c'est-à-dire superbiologique.

Il n'est peut-être pas inutile d'ajouter que si la notion d'évolution (ou de dynamisme) est aujourd'hui partie constituante de toutes nos conceptions, Auguste Comte a contribué autant que personne à introduire cette notion essentielle, base rationnelle de la relativité.

Si nous cherchons maintenant quelles sont les modifications mentales qui ont poussé l'homme à cette idéalisation de l'autre sexe, nous devons d'abord éliminer l'influence de la femme en tant qu'artiste. Elle est nulle ; les femmes n'ont produit que des œuvres secondaires qui ne se distinguent pas, comme on pourrait s'y attendre *à priori*, par des conceptions caractéristiques et un idéal particulier. Ceci prouve que la femme a subi la suggestion de l'homme et encore que la question sexuelle ne joue pas un rôle prépondérant dans notre direction esthétique, sans quoi l'hommage de la femme artiste se fût plus particulièrement adressé à l'homme, ce qui n'est pas.

L'influence des croyances religieuses a-t-elle été favorable ? Il semble bien qu'elle a été plutôt contraire. Il faut distinguer plusieurs phases dans l'histoire d'un dogme. Au début, il est supérieur à la moyenne de la mentalité contemporaine et constitue un progrès. Mais comme celle-ci progresse sans cesse et qu'il est de sa nature immuable ou peu modifiable, il est bientôt en retard sur elle et cesse d'être progressif, et le développement social se fait sans lui et contre lui.

Le polythéisme a été un immense progrès, il a donné

des impulsions salutaires dont l'art a bénéficié pour sa part et a permis de diviniser tous nos sentiments élémentaires. Mais déjà Homère a des conceptions qui ne doivent rien directement au polythéisme et qui lui sont supérieures. Andromaque et Pénélope sont des types admirablement humains qui, pour nous, planent bien au-dessus de toutes les déesses de l'Olympe.

Il en est de même de la figure d'Antigone, modèle de piété filiale et d'amour fraternel, protestant au nom du droit naturel et antérieur de la famille contre une décision tyrannique du maître de la cité, et d'Alceste poussant le dévouement conjugal jusqu'à la mort. Notre esprit émancipé les accepte et les admire; elles sont réelles et idéales, elles naissent non pas de la religion, mais de la sociabilité grecque.

A Rome, les mœurs adoucies contredisent bientôt les lois barbares fondées sur les croyances primitives, et nous voyons surgir non pas seulement des types poétiques de femmes, mais des personnages réels, telle Cornélie, modèle de la matrone par la fidélité à la mémoire de l'époux, par le dévouement civique pour l'éducation de ses fils.

Le christianisme introduisit de belles idées morales, mais les légendes hébraïques sur lesquelles il fondait son dogme retardaient déjà sur la sociabilité romaine (1). Le chef-d'œuvre politique de ses hommes d'Etat a été d'adapter la Bible antique d'une petite tribu barbare et exotique à la situation politiquement et mentalement si différente de l'Occident. Mais les textes ne sont pas toujours faciles à solliciter, à fausser ou à omettre. Plus le catholicisme met d'habileté incontestable à se plier à des situations nouvelles, à s'approprier les pro-

___

(1) Voir les savoureuses études de M. Lavertujon, publiées dans la *Revue occidentale*, et d'une lecture si attachante et si suggestive.

grès de l'esprit public, plus la contradiction initiale s'accentue entre sa base dogmatique et ses adaptations successives. Cela éclate à propos de la conception du rôle de la femme.

D'après la Bible, elle est et reste à jamais la cause de la chute et des malheurs du genre humain. L'élément féminin est absent de la Trinité. Le paganisme avait, lui, ses déesses dans l'Olympe, comme ses prêtresses dans les temples. Nulle femme dans le groupe des apôtres, et dans la doctrine, absence de cet esprit de famille par où triomphe la femme; un seul problème : faire son salut, à quoi l'amour de la femme comme de toute créature est un obstacle. Le mariage est un pis aller, un premier pas dans l'impureté! Et la femme ainsi calomniée par le christianisme primitif s'est relevée au sein du christianisme même. Il a suffi qu'il ne lui fermât pas l'accès de la sainteté et qu'elle eût, elle aussi, le droit d'être glorifiée dans ses mérites, fût-elle la dernière des esclaves! Le christianisme lui donna cela, c'est-à-dire le moyen de se réhabiliter, de reconquérir le ciel par la seule force de la vertu.

Il l'y aida généreusement, canonisa les saintes et les présenta à l'imitation et à la piété des fidèles, s'appropria de nouvelles légendes, créées celles-là en l'honneur de la femme, et surtout fit une place digne de lui à l'idéal féminin par la glorification croissante de la sainte Vierge, sublime personnification de la pureté dans la maternité. Le mouvement n'est pas venu d'en haut, il est parti du cœur du peuple chrétien, et l'Eglise a suivi et plié son dogme importé de l'Orient aux exigences de la mentalité occidentale.

L'histoire de sainte Geneviève de Paris est à méditer et peu importe que la légende y ait quelque part; la légende est aussi vraie que l'histoire pour révéler l'état mental d'un peuple. L'humble bergère acquiert d'abord par ses vertus le prestige et la popularité ; dans l'affolement produit par l'approche d'Attila, c'est vers elle que se tourne la foule attendant un secours surnaturel, et elle impose la meilleure solution : défendre la ville, et elle emploie les moyens que suggère la prudence humaine en ravitaillant la place. Paris est sauvé et la vierge, objet de l'enthousiasme populaire, sera mise par l'Eglise au nombre de ses saintes.

Sainte Geneviève annonce et prépare Jeanne d'Arc, l'incomparable martyre du patriotisme. Malgré la piété croissante du peuple envers celle-ci, l'Eglise ne l'a pas encore canonisée. Elle a sans doute le sentiment qu'elle ne fut pour rien dans sa sublime entreprise de salut national. Geneviève ne luttait pas seulement pour sa patrie, elle défendait la chrétienté. Si l'Eglise fait volontiers intervenir Dieu pour sa défense, il doit lui répugner de le faire intervenir entre deux peuples soumis à son autorité, alors qu'elle-même n'avait pas pris parti. Enfin, il y a à réformer le jugement du tribunal ecclésiastique qui livra Jeanne au bourreau. Les hésitations de l'Eglise se devinent et s'expliquent ; mais pas plus qu'elle n'eut besoin de son appui pour délivrer la France, Jeanne d'Arc n'a besoin aujourd'hui de canonisation pour être vénérée dans l'Humanité tout entière.

La chevalerie porta à son apogée le culte de la femme, mais si la religion l'adopta après coup et la consacra par ses rites, ce n'est pas elle qui lui donna naissance. Elle naquit de l'état social créé par la féodalité. Le droit féodal faisait la femme l'égale de l'homme en lui donnant le droit d'héritage, car à la possession des domaines étaient attachés tous les droits seigneuriaux. La femme du seigneur le remplaçait aussi pendant ses expéditions lointaines, et la vie de château était favorable à son influence.

Pendant que la châtelaine recevait les hommages des

chevaliers et inspirait les trouvères, pendant que son influence adoucissait des mœurs encore barbares, la femme du serf secondait humblement son mari dans son labeur acharné ; elle *ménageait,* épargnait, encouragée par l'espoir de se racheter un jour de la servitude. C'est ce qu'a mis en lumière, avec tant de force, M. Pierre Laffitte, en montrant que la femme française a sa grande part de mérite dans l'affranchissement des classes laborieuses.

Nous avons vu que l'art de la Renaissance est plus humain que chrétien. Cela est vrai, même dans les sujets religieux. Il suffit de voir avec quel succès la Vierge est représentée avec son enfant dans ses bras et de considérer le nombre infini des saintes familles. Évidemment, la maternité insuffisamment idéalisée et jadis laissée dans l'ombre prend sa revanche, et c'est vers elle que vont les piétés nouvelles.

Au XVIII° siècle, en même temps que s'accentue la décadence de la foi grandit l'influence sociale de la femme. Ce fut dans les salons, sous la présidence des femmes, que prit naissance une force nouvelle d'une incalculable puissance, l'opinion publique ; que s'élabora le mouvement critique qui fut l'œuvre principale de ce grand siècle et commencèrent à se dégager les principes d'une reconstruction nécessaire. Ce furent des tournois d'un nouveau genre, où la science et l'esprit remplacèrent la force et l'adresse, que présidèrent ces femmes habiles à grouper et à stimuler les penseurs de toutes les écoles. Jamais, depuis les beaux jours d'Athènes, la sociabilité ne fut plus exquise, ni la tolérance plus large, ni plus complète l'émancipation des esprits.

En même temps, les arts et, en particulier, la peinture trouvaient pour idéaliser la femme une grâce plus raffinée, des nuances plus délicates.

Aujourd'hui, le salon philosophique est aboli et nous

traversons une période de réaction contre le xviii° siècle.
Les descendants des libres esprits ont eux-mêmes rétro-
gradé. Les femmes qui jouissent d'une grande fortune
ont d'autres soucis que d'encourager la pensée. L'esprit
néo-religieux qui règne ne rehausse pas le rôle des
femmes. Modifie-t-il, du moins favorablement, les
mœurs qui furent certainement trop relâchées au
xviii° siècle? Nous voudrions le croire; mais d'après les
livres qui se publient avec la prétention de peindre les
mœurs des classes riches et qui passent pour des pein-
tures sincères, il semble bien que non. Ni la morale ni
les femmes ne paraissent gagner à ce triste recul.

Dans les masses croyantes, la religion prend un caractère plus superstitieux et plus égoïste. On marchande
avec le ciel, on achète ses faveurs, on stipule le succès
d'une entreprise ou la guérison d'une maladie, on dé-
range Dieu pour tous ses intérêts. Beaucoup d'hypo-
crisie commandée par des raisons politiques se mêle à
cette dévotion qui, même lorsqu'elle est sincère, devient
de plus en plus solliciteuse. Si elle ne s'affirmait pas
avec ce caractère intéressé et bas, il nous plairait de
constater l'extension qu'a prise la pratique des pèlerinages à la Vierge. Autrefois, les grands pèlerinages se
faisaient à des tombes de saints : saint Martin de Tours,
saint Jacques de Compostelle, saint Michel, etc. Dans les
pèlerinages aussi, l'Eglise a suivi l'instinct populaire et
c'est un fait de plus à l'appui de notre thèse.

Et puisque nous ne trouvons pas dans les religions
(et l'on en pourrait dire autant des philosophies, jusqu'à
Auguste Comte) la cause de l'orientation de l'art vers
l'idéalisation de la femme, à quelles causes intellectuelles et morales devons-nous l'attribuer? A quelle mo-
dification mentale correspond cette admirable progression ayant comme point de départ des relations brutales
et passagères, et peu à peu élevant et consacrant la ten-

dresse de l'homme envers sa compagne, première et indispensable victoire de la sociabilité sur l'égoïsme ? Sans oublier la spontanéité des instincts altruistes et leur tendance à se fortifier par l'exercice en vertu de leur douceur intime, sans omettre les autres conditions favorables nées du progrès de la civilisation, il faut dégager l'origine théorique de cette évolution de l'art, si nous voulons lui donner toute son importance et toute sa signification.

Or, elle nous paraît liée à la déchéance de l'esprit théologique et à l'accroissement corrélatif et continu de l'esprit positif et scientifique. A mesure que l'homme élimine les êtres fictifs, créés par son imagination et par son besoin d'explication cosmologique, il prend une conscience plus exacte de sa situation. Les événements de sa vie cessent peu à peu d'être gouvernés par des providences fictives et forcément il est amené à rendre justice aux dévouements humains. Le premier de ces dévouements et le plus essentiel, celui de la mère, est méconnu dans la vie de l'Humanité, comme il l'est dans la vie individuelle. L'enfance est oublieuse et ingrate, et c'est souvent tardivement, par un retour vers le passé, lorsque soi-même on veille sur un enfant, qu'on rend à sa mère une tardive justice.

Pour nous en tenir à la maternité, il est facile de montrer combien cette idée, si essentielle et si primordiale, est lente à être comprise avec sa pleine signification biologique et sociologique. On peut dire qu'elle en est encore très éloignée. Nous avons vu l'opinion des peuples primitifs à ce sujet, mais encore aujourd'hui la femme est traitée inégalement au point de vue de l'hérédité du nom et des titres. Elle y renonce en se mariant et ne les transmet pas à sa descendance.

Nous constatons là une survivance d'un état d'esprit très ancien qui s'oppose à ce que le concept d'hérédité obtienne enfin sa pleine efficacité. La science l'affirme, la langue, organe du bon sens, le proclame lorsqu'elle dit que les parents *se reproduisent* dans leurs enfants; mais les mœurs, les lois, la religion le contredisent.

C'est d'hier seulement qu'à travers les nuages qui l'obscurcissaient, se fait jour enfin cette vérité éclatante d'évidence et immense par les conséquences morales qu'elle renferme, à savoir que notre être, sous tous ses aspects, est déterminé par le couple procréateur, par l'intermédiaire duquel nous avons racine dans toute l'Humanité passée. La mère a une part égale dans la conception, mais sa part de maternité s'accroît par la gestation, par l'allaitement, par le dévouement et les sourires de chaque minute. Elle est la providence immédiate dans laquelle revivent, se résument et se personnifient les innombrables générations qui ont travaillé pour nous, leur descendance. Son dévouement a sa source dans un instinct indispensable à la vie de l'espèce; il trouve sa récompense en lui-même et n'attend pas la réciprocité. Il est le lien le plus puissant qui lie l'Humanité présente à l'Humanité passée par une reconnaissance qui sera toujours inférieure au bienfait, et c'est encore lui qui payera au profit de la postérité la dette ainsi contractée. Il suffirait à lui seul pour souder indissolublement l'une à l'autre les générations qui s'écoulent.

A mesure que ces conceptions s'établissent avec leurs conséquences logiques dans les intelligences, à mesure que les fictions perdent leur crédit, la reconnaissance se déplace en faveur de la providence terrestre et l'homme s'aperçoit que la réalité est plus douce et aussi miraculeuse que toutes les chimères. Il ne renie plus sa filiation et renonce à l'état civil qu'il s'était fabriqué.

C'est ainsi que les progrès de l'esprit positif rectifient nos sentiments à l'égard de la femme et dirigent secrètement l'évolution de l'art.

Au reste, un changement analogue se produit dans les idées et se répercute dans les mœurs en ce qui concerne l'enfant. Il est incontestable que l'enfant est traité depuis quelque temps déjà avec plus d'égards, de ménagements, de générosité qu'il ne le fut jamais. Si l'on considère la place qu'il tenait autrefois dans la famille et celle qu'on lui fait aujourd'hui, on constate une véritable révolution.

Quelle est la cause secrète de ce grand changement qu'on peut blâmer dans ce qu'il a d'excessif, mais qui est un argument sans réplique à opposer à ceux qui prétendent que la moralité, c'est-à-dire le dévouement, est en décroissance ?

Personne ne s'avisera de dire que la religion y soit pour quelque chose ou quelque enseignement philosophique, et c'est encore au progrès de l'esprit positif qu'est due cette transformation très digne d'être étudiée avec intérêt.

Jusqu'à une époque récente, l'Humanité a vécu avec la conviction qu'elle était en perpétuelle dégénérescence. La vertu, la science, la sagesse, la félicité, l'âge d'or, en un mot, étaient en arrière de nous et tout allait se détériorant lentement jusqu'à la catastrophe finale. Cette conception d'une Humanité déchue et destinée à déchoir encore pesait sur la tête de l'enfant. La conception contraire s'est fait jour et insensiblement a changé nos perspectives d'avenir dans le sens de l'optimisme. Nous aimons dans l'enfance, sans nous l'avouer, et non sans illusion peut-être, l'Humanité de demain que nous nous figurons plus puissante, plus heureuse et meilleure. Quelque chose du prestige qu'avaient jadis les prédécesseurs s'est reporté sur les héritiers du progrès humain. Observez chaque famille ; on traite l'enfant comme un dauphin !

Au fond, c'est le concept du progrès humain, qui

prend dans nos cerveaux la place des interventions sur-
naturelles et modifie lentement, mais sûrement, notre
mentalité. C'est proprement le dogme moderne. Ses
conséquences logiques se font jour non seulement dans
l'art, mais de toutes parts dans les mœurs. C'est par lui
que s'accroît le respect pour le passé, non comme meilleur ou plus heureux, mais comme ayant créé l'héritage
dont nous sommes légataires ; c'est lui qui nous fait
aimer davantage nos parents, par qui nous fut transmis
ce dépôt augmenté de leur propre travail; c'est de lui
que procède en faveur de l'enfant ce vif élan de tendresse et de générosité, résultant d'une vision peut-être
utopique de l'avenir. N'est-ce pas à la même cause
qu'il faut remonter pour expliquer la piété croissante
envers les morts (également en dehors de toute idée
théologique) et cette glorification des grands hommes
qui encombrent nos places publiques?

Reconnaissance envers le passé, idéalisation de la
femme, dévouement envers l'enfant, c'est-à-dire l'Humanité de demain, piété envers les morts, culte des
grands hommes, ce sont là précisément les éléments de
la religion de l'Humanité. Ils sont encore flottants dans
l'air ambiant, sans cohésion, sans règle, et pour ceux
qui ignorent ou méconnaissent le Positivisme, sans
formule explicite et sans systématisation.

IV

Nous venons de voir comment nos vues générales
finissent par déterminer nos actes. Pour faire l'étude du
féminisme, nous devons lui appliquer ce principe et
rechercher les causes de ce mouvement si général aujourd'hui en remontant à sa source, c'est-à-dire aux
idées qui l'ont déterminé, en analysant l'état mental
conscient ou inconscient de ses adhérents.

Il n'est que juste de remarquer tout d'abord que, chez beaucoup d'esprits généreux, il a pour point de départ le spectacle véritablement odieux du sort réservé dans notre état social à un très grand nombre de femmes et en particulier à la classe des femmes ouvrières. En montrant l'art appliqué à l'apothéose de la femme, nous n'avons pas oublié combien d'ombres obscurcissent ce tableau idéal. Le spectacle consolant des progrès réalisés et nos espérances en un avenir meilleur ne sauraient faire oublier la honteuse réalité. Le Positivisme aspire énergiquement aux améliorations nécessaires, mais il prétend non moins résolument préserver la famille de toute atteinte et au contraire la développer et la fortifier, et c'est en quoi il diffère parfois de ces esprits généreux (1). Leur désir de justice est très louable en soi, mais il s'illusionne et s'égare dans le choix des remèdes.

Nous avons fait ressortir l'importance de la notion de progrès pour la raison contemporaine. Cette foi nouvelle dégénère facilement en crédulité, elle a ses exagérés, ses superstitieux. Il semble pour eux que tout changement doive forcément être un progrès et qu'on ne puisse se tromper en fait de réformes. Signale-t-on un inconvénient particulier, un individu lésé par suite d'un état de choses consacré pourtant par l'expérience, vite il faut condamner l'institution en bloc. Si vous prétendez tenir compte des antécédents, ménager les transitions, raisonner d'après les enseignements de notre histoire ou l'expérience des autres peuples, si vous invoquez les principes de la siociologie et même les lois biologiques, vous n'êtes pas un homme de progrès.

L'homme de progrès ou supposé tel a des convictions

<hr>

(1) Lire (et volontiers ajouterions-nous, relire) le discours de M. Harrison, sur l'Emancipation des femmes. — *Revue occidentale*, 1er Juillet 1893 (15 Charlemagne 105).

qui n'ont pas besoin d'être longuement déduites. Elles sont simples, absolues, radicales. Il demande des innovations, beaucoup de réformes et des plus complètes ; il se préoccupe peu de savoir si elles sont progressives ou régressives ; il faut que, devant une réunion d'électeurs, personne n'en demande à la fois autant que lui. C'est le signe de sa pureté politique, c'est son piédestal.

La question de l'émancipation des femmes passe pour un critérium de bon teint des opinions. Comme c'est une question avec laquelle on peut tout bouleverser à la fois, elle peut en effet servir d'épreuve pour classer les audaces et les inconsciences réformatrices.

Si un tel état d'esprit devenait prédominant, il détruirait toute stabilité sociale. Il consiste à concevoir le progrès comme une entité indépendante, à croire qu'il n'a qu'à être décrété pour exister, qu'il dépend de nos seules aspirations et non de la nature des choses. Or, le progrès dans la société est comme la croissance dans l'individu ; il implique avant tout le respect des conditions d'existence et des lois de l'équilibre. Il est le développement de l'ordre qui constitue sa condition fondamentale.

Cette admirable conception s'applique plus particulièrement à la famille et à la condition de la femme. L'ordre à développer dans la famille, l'ordre, c'est-à-dire l'harmonie, dans la société, avec la famille et par la famille, voilà la définition, voilà la limite du progrès à réaliser dans la question féministe, et il peut être immense sans être perturbateur. Mais ces idées exigent une préparation scientifique et philosophique dont nos réformateurs sont dépourvus à un degré qu'on peut justement aussi qualifier de radical. Le point de vue biologique qui domine la sociologie et, à plus forte raison, les contingences de la politique leur est particulièrement étranger.

Nous ne devons donc pas être surpris si, avec l'exagération de l'idée de progrès, nous trouvons chez les féministes le principe de l'*égalité* poussé jusqu'au paradoxe et conduisant aux pires conséquences de l'individualisme. De même que l'harmonie dans un être vivant suppose une structure différenciée, un concours de fonctions diverses, en un mot l'unité dans la variété, de même l'harmonie du corps social n'a rien de commun avec l'homogénéité parfaite, le nivellement de toutes les différences ou la désagrégation de tous les groupements.

Le principe de l'égalité est juste à condition que l'on reste rigoureusement dans la relativité. On ne pourrait concevoir le moindre animal ni même un végétal comme consistant en une juxtaposition d'éléments similaires et dissociés. L'erreur est plus grande encore de faire de l'individu l'élément sociologique et de croire que l'on peut faire un corps social avec de la poussière humaine. La famille n'est pas seulement l'élément constitutif de la société, elle est la condition d'existence de l'espèce.

L'égalité est un de ces principes de circonstance au nom desquels furent légitimement combattus les abus de l'ancien régime et renversé le vieil et chancelant édifice. C'est un bon outil de démolition, mais non de reconstruction. Que l'égalité soit un idéal de justice humaine, la loi étant faite pour tous, cela est sans contestation possible ; mais la loi doit faire et fait des distinctions. Elle ne traite pas l'enfant comme l'homme majeur, ni l'aliéné comme l'homme sain, et ainsi de suite.

Si l'égalité absolue n'est pas dans la loi qui est pourtant son véritable siège, elle est encore moins dans la nature. Le comble de l'absurdité est de vouloir en faire une vérité biologique. On a dit que tous les êtres humains naissent égaux ; oui, au point de vue légal, et encore ! Il y a d'abord cette distinction des sexes que tous les raisonnements du monde n'effaceront pas. Entre l'homme et la femme, il existe des différences organiques desquelles résultent des destinations différentes. Ils ne sont pas pareils. Toute assimilation entre eux constituerait un traitement inégal et la justice consiste précisément à leur demander à chacun l'emploi de leurs aptitudes. Et c'est ce qui arrive tout spontanément. Les femmes ne participent pas au service militaire, elles n'ont pas fait la guerre, qui a joué pourtant un si grand rôle dans le développement humain, et personne ne le leur reproche.

Les égalitaires qui méconnaissent la destination des sexes sont avant tout des esprits simplistes, absolus, épris de symétrie et qui veulent plier la vie et ses lois aux exigences d'une logique étroite. Leur conception de l'ordre est tout à fait rudimentaire. L'ordre, ou, si l'on veut, l'harmonie est une unité supérieure qui naît précisément de la diversité, et c'est encore cette diversité contre laquelle s'insurge leur esprit niveleur qui est la source du progrès. Si tous les hommes naissaient égaux, il n'y aurait jamais eu un penseur de génie ou un grand artiste. Si l'homme et la femme se répétaient exactement comme deux valeurs égales et de même ordre, la grande source du bonheur et du perfectionnement réciproque eût été tarie.

L'homme et la femme ne se répètent ni ne se contredisent, ils se complètent. Le langage populaire a raison de dire que ce sont deux moitiés. A eux deux, ils forment l'unité primordiale, germe de la famille. Il n'y a entre eux ni inférieur ni supérieur. Ce sont deux exemplaires d'humanité, dont l'un excelle précisément sur les points où l'autre est inférieur. Point de rivalité nécessaire, rien qui s'oppose à leur destinée qui est de s'appuyer l'un sur l'autre, l'homme protégeant la femme, la femme améliorant l'homme.

Mais alors intervient un troisième principe plus directement destructeur de toute cohésion sociale, dès qu'il perd lui aussi son caractère relatif, c'est le principe de *liberté*. Que faites-vous, dit-on, de la liberté de la femme? Ne naît-elle pas libre aussi bien que l'homme? Car c'est en vain que pèsent sur nous tant de fatalités, il est entendu que tous les êtres humains naissent libres, comme ils naissent égaux. N'a-t-elle pas le droit de suivre ses passions, ses caprices, d'obéir à ses ambitions, si elle en a qui la poussent hors du cercle étroit de la famille? L'homme a devant lui la grande arène de la vie, pourquoi la femme ne s'y jetterait-elle pas à sa suite? Assez longtemps elle a filé la laine et gardé la maison, elle a le droit de s'émanciper et de conquérir à son tour la liberté et avec elle tous les droits que l'homme s'est adjugés.

Et les mères de famille entendant ce langage qu'on leur tient au nom de leur liberté et de l'égalité ne comprennent pas ce qu'on leur veut. Elles interrogent leur cœur et sentent bien que la fonction qu'elles remplissent ne leur est si douce que parce qu'elle est seule conforme à leur nature. La liberté qu'elles réclament, c'est de pouvoir continuer à la remplir en paix; l'égalité qu'elles revendiquent, c'est la réciprocité pour la tendresse qu'elles prodiguent.

Les femmes qui ne sont pas libres, et il en est, hélas! un grand nombre, ce ne sont pas celles qu'enchaîne le mariage au devoir conjugal et maternel; ce sont celles, au contraire, qui restent exclues du mariage et de la maternité, par suite des imperfections sociales. Par exemple, la cupidité qui préside aux unions, au lieu des considérations de sympathie, de bonheur intime, d'intérêt de l'espèce, empêche une foule de femmes de remplir leur vocation véritable et les condamne à ce que les féministes appellent la liberté.

Elles trouvent parfois dans le dévouement à leur entourage ou à quelque bonne œuvre à exercer leurs qualités naturelles. Il est juste qu'elles cherchent dans les emplois et dans les professions qui leur sont accessibles à assurer leur indépendance. Qu'elles soient libres de tenter une carrière libérale, on ne saurait le trouver mauvais. Si elles conquièrent un diplôme, nous les féliciterons sincèrement, sans nous extasier toutefois, parce que cela n'a rien qui nous étonne et parce que, au fond du cœur, nous continuerons à les plaindre, tant qu'elles n'auront pas conquis les titres supérieurs à tout et essentiels à leur bonheur d'épouses et de mères.

La pire servitude est celle de la femme ouvrière, obligée de passer ses jours et parfois ses nuits à l'atelier et à l'usine. Quand sera-t-elle libre celle-là de rester auprès du berceau où son enfant pleure et dépérit? Est-ce le féminisme qui résoudra ce problème d'une si cruelle urgence? Ce n'est pas à croire. La question de la femme ouvrière ne saurait guère être étudiée séparément de la question du prolétariat liée elle-même à tout le problème économique. Chaque fois qu'une classe s'est élevée en aisance, en stabilité, la femme en a immédiatement profité. Il en sera de même de la femme du prolétaire. Le jour où la situation de l'ouvrier aura acquis une certaine fixité, où son habitation lui appartiendra, où son salaire sera suffisant pour faire vivre les siens, le sort de sa compagne sera rehaussé du même coup. Une foule d'exemples partiels le démontrent, ainsi que l'histoire de l'affranchissement du peuple agricole.

La crise que subissent actuellement le mariage et la famille, battus en brèche par le féminisme, a donc ses causes dans notre état mental.

Nous sommes toujours en pleine transition; l'esprit critique et métaphysique continue son œuvre de désagrégation par sa façon de concevoir ontologiquement

les idées de progrès, d'égalité et de liberté, et d'en faire
des règles absolues supérieures aux lois sociales et
même biologiques. La théologie est impuissante à défendre les institutions qu'elle prétend patronner et
qu'elle compromet. Le catholicisme reste une puissante
organisation, il est servi par de respectables dévouements et abrite une foule d'âmes sincères, mais il est
atteint à sa base, dans son dogme. Il se maintient
surtout par notre besoin instinctif de stabilité, tant qu'il
n'a en face de lui que des négations. De là nos stériles
oscillations qui tantôt nous ramènent à des doctrines
surannées et tantôt nous poussent vers une politique métaphysique vide et déclamatoire.

Entre ces deux forces qui se neutralisent et prolon-
gent l'une par l'autre leur durée par leur mutuelle impuissance à se détruire et leur égale incapacité, l'une à
gouverner et l'autre à progresser, surgit enfin le Positivisme. C'est par lui que nous serons tirés de la situation
si troublée où nous nous débattons lamentablement et
où, par moment, il semble que vont sombrer à la fois
tout bon sens et toute morale.

Il donne aux institutions sociales et en particulier à la
famille une base scientifique inébranlable, et c'est en
quoi il doit rassurer les conservateurs. Profondément
imbu des lois biologiques, il sait qu'un organisme ne
peut que progresser ou dépérir et satisfait ainsi les pro-
gressistes. Seul il concilie, suivant sa belle devise, le
progrès qui se réalise dans la mesure de la modificabi-
lité des lois, avec l'ordre résultant de ces lois.

Un des caractères d'une philosophie efficace et réelle,
c'est d'être d'accord non seulement avec les lois scien-
tifiques, mais avec l'évolution historique, le bon sens
universel et la raison pratique. Elle doit être, sous tous
ses aspects, l'aboutissant du passé. Elle doit résumer le
développement humain, aussi bien sous le rapport de

l'activité que de l'intelligence, de la morale et de l'art.

C'est l'art qui fait la synthèse de ces divers modes de développement. C'est lui, nous l'avons dit, qu'il faut interroger pour connaître la pensée et les sentiments de l'Humanité et pour soulever le voile des aspirations qui, non encore formulées, germent et s'élaborent au fond des consciences. L'expression esthétique devance l'expression abstraite et scientifique.

Et l'art nous a répondu en nous montrant qu'il n'a cessé d'embellir, d'épurer, d'ennoblir la figure de la femme, de la mettre à part de nos activités et de nos luttes, de l'idéaliser dans sa beauté et dans sa maternité, et ce mouvement qui tend à différencier de plus en plus les sexes ne dérive pas indirectement des religions ou des philosophies, il jaillit spontanément de la conscience humaine.

Le féminisme est en contradiction avec ce mouvement esthétique et social, non seulement dans le passé, mais dans le présent. Il constituerait un avortement de nos meilleures tendances civilisatrices. Avec lui, l'Humanité quitterait brusquement et sans raison la direction suivie jusqu'ici. La chimère féministe de l'égalité ne pourrait se réaliser que par une vaste déliquescence où se fondrait toute diversité, mais où disparaîtrait aussi tout prétexte de poésie, tout motif d'amour et d'aide mutuels. L'amour, qui cherche instinctivement pour sa descendance une hérédité complexe et combine volontiers les dissemblances, périrait sans doute par l'uniformité, comme il arrive quand une femme a le malheur de rappeler dans sa personne ou son caractère le type masculin.

Ainsi l'Humanité aurait fait un rêve irréalisé et dans sa maturité briserait l'idole qu'elle s'était créée dans sa jeunesse ! Tant de grands artistes, tant de nobles poètes auraient fait une œuvre vaine. La femme n'aurait que faire de notre admiration et de nos hommages que nous lui donnions sans compter, il lui faudrait des avantages plus solides. Elle ferait le compte non pas de ses devoirs et des nôtres, mais de nos droits et des siens, et demanderait le partage égal.

Si le féminisme n'étouffait pas l'art, si par impossible il restait place dans une société égalisée pour de nouveaux Phidias et de nouveaux Raphaël, ils auraient à idéaliser une femme que nous ne connaissons pas encore, mais que nous pouvons entrevoir. Ils n'auraient plus à sculpter de déesses majestueuses et sereines, plus de vierges pudiques à peindre. La grâce et l'eurythmie se concilient mal avec la lutte pour la vie. La maternité serait une servitude dont on se libérerait autant que possible ; plus de Vénus genitrix aux larges flancs, aux seins généreux ; plus de Cornélie avec sa parure d'enfants. La femme développerait avant tout ses muscles dans les sports et sa mémoire dans les concours.

Rien ne symboliserait mieux les tendances inesthétiques du féminisme que l'abandon du costume féminin, sous prétexte de simplification et d'activité plus facile. Ce serait l'abjuration publique du culte de la beauté. Celles qui y voient un signe d'affranchissement ont raison ; il est très significatif comme abandon des pudeurs et des grâces, mais comme assimilation à l'homme, il ne démontre rien, au contraire. Il est facile de prendre le costume masculin et, si j'ose dire, de se défroquer ; il est tout naturel ensuite d'adopter les allures et le langage conformes au vêtement, mais tout cela ne transforme pas la femme et la défigure sans la déguiser. Dans cette tenue, les femmes donneraient raison à Schopenhauer, le détracteur cynique et grossier de leur sexe, qui n'a jamais pardonné à la féodalité et au moyen âge d'avoir créé *la dame*, qui les trouve laides, les appelle le sexe N° 2 et soutient que tout est illusion et duperie dans notre amour pour elles.

Serait-ce la peine, pour devenir la caricature de l'homme, d'arracher soi-même les voiles dont l'art recouvre la réalité, de se dépouiller de ce qui est, suivant le poète, plus beau que la beauté, de nous donner le sentiment douloureux d'une profanation commise ou, pour nous servir d'une expression célèbre, d'une faillite de civilisation ?

On pourra nous objecter qu'on ne voit pas d'obligation à ce que les femmes perdent leurs qualités spéciales, fassent abandon de leur costume et de leur charme, et prennent des allures garçonnières en acquérant des droits nouveaux et en se livrant à des travaux professionnels. Cela est exact et chacun pourrait citer des exemples à l'appui. La transformation ne se ferait pas avec cette brutalité qui nous choque si vivement parfois et provoque en nous une réaction proportionnée à notre respect instinctif. Mais on ne peut nier qu'elle doive se faire peu à peu, car ce serait méconnaître la loi des compensations organiques. On ne peut perfectionner un organe qu'au détriment d'un autre. La conquête des diplômes, l'exercice des professions comportent un entraînement spécial, un développement partiel qui se compense par des atrophies ou de moindres accroissements. La poursuite du gain ou des honneurs, l'acquisition et la défense d'une clientèle, les responsabilités encourues, la joie des succès et le chagrin des revers développent la personnalité et l'égoïsme. L'habitude d'un travail spécial et uniforme détruit l'harmonie et inflige les stigmates professionnels.

Dans les loisirs d'une civilisation de patriciens, l'Athénien du temps de Périclès pouvait cultiver en sa personne la force et la beauté physique en même temps que l'harmonie morale. Dans notre civilisation compliquée et laborieuse, chaque homme est cantonné dans sa tâche, il hypertrophie certains organes et subit les modifications qui résultent de l'usage et du défaut d'usage. Il n'y a pas de place désormais pour les oisifs et le parasitisme est dégradant.

La femme qui remplit son rôle d'affection vis-à-vis d'un mari, élève ses enfants et gouverne sa maison, a des occupations variées qui mettent simultanément en jeu son intelligence, son cœur, son activité physique. Elle peut garder le juste équilibre d'où naissent l'harmonie et le rythme.

Elle est plus esthétique parce qu'elle reste plus synthétique et que rien ne contrarie en elle le développement des sympathies. Il est permis de supposer que, dans l'hérédité, elle maintient le type et le préserve des déviations.

Dans la situation de plus en plus troublée où nous nous agitons, c'était un mal inévitable que la recrudescence du féminisme. Chaque fois que l'esprit humain, dans son développement, brise le moule d'un système de croyances, toutes les institutions paraissent en être ébranlées, même celles qui sont fondées sur la nature humaine et supérieures à tout dogmatisme. Il semble qu'elles doivent suivre le sort de la doctrine traditionnelle qui paraissait leur indispensable support. La Grèce eut sa crise de féminisme symptomatique de la décadence du polythéisme. Lorsqu'à Rome la foi primitive perdit son pouvoir sur les consciences, le mariage romain subit de graves atteintes. Il en fut de même dès l'avènement du protestantisme, première étape des négations et des révoltes contre le catholicisme.

L'histoire démontre ainsi que la famille a déjà subi victorieusement les mêmes assauts dans des conjonctures analogues, et bien que la crise actuelle se prolonge démesurément, le résultat final n'est pas douteux, malgré des ruines partielles et des reculs momentanés. Le Positivisme qui apporte la solution a le respect du passé, il se pose en héritier de tout ce qu'il a fait ou préparé de meilleur, il s'inspire de lui, mais il prétend ne pas le répéter. Il nous reste à dire quelques mots des réformes auxquelles il aspire.

Nous avons déjà fait allusion à deux d'entre elles. Que la femme soit affranchie de l'atelier et de l'usine, et en général de tout travail extérieur à la famille, c'est peut-être le vœu que les positivistes ont le plus à cœur de voir réaliser. Ils ne prendront jamais leur parti de l'indifférence soi-disant scientifique des économistes sur un pareil sujet, de l'égoïsme des capitalistes et de l'apathie de l'esprit public.

L'autre réforme déjà citée est d'ordre moral; elle porte sur les calculs d'intérêt qui déterminent les mariages. Là-dessus, comme en tant d'autres points, Auguste Comte se montre singulièrement en avance sur son temps. La vénalité n'est pas en voie de diminution, et tant qu'elle présidera à l'acte constitutif de la famille, il ne faut pas s'étonner si elle s'étale de toute part comme une tache honteuse.

La réforme vraiment capitale par ses conséquences et qui touche plus directement à notre sujet est celle de l'instruction des femmes. Il serait injuste de ne pas reconnaître que de grands efforts ont été faits, que de grands progrès ont été réalisés depuis l'époque où Auguste Comte en a formulé le programme et qu'on a marché dans le sens qu'il avait indiqué (1). Les programmes d'études pour les jeunes filles ne sont plus aussi futiles et aussi illusoires. On cherche à les instruire plus sérieusement, plus scientifiquement, et elles font preuve d'ardeur pour le travail et de réelles aptitudes.

Le Positivisme demande que toutes les femmes sans distinction reçoivent une instruction générale aussi scien-

(1) Les écrits de Mme A. Lamperrière en sont une preuve très intéressante.

tifique, aussi complète que les hommes, ou pour mieux dire la même instruction, donnée par les mêmes maîtres, les meilleurs possibles. Elles seraient allégées seulement de la partie technique et de l'enseignement spécial destiné à préparer l'homme à une profession déterminée.

Que les femmes participent à la même préparation que les hommes, c'est le meilleur hommage à rendre à leurs qualités intellectuelles, c'est la formule de l'égalité à laquelle elles ont droit et non le partage des professions pour lesquelles elles ne sont pas faites.

L'irrésistible mouvement qui se généralise de plus en plus en faveur de l'instruction des femmes soulève de nombreuses critiques. C'est un des thèmes favoris du théâtre et du roman contemporains. A quoi bon, dit-on, cette instruction dont le plus clair résultat est de surexciter la vanité et de faire des déclassées? A quoi bon ces diplômes qui ne peuvent la plupart du temps procurer le plus modeste emploi?

Ces critiques ne sont pas sans force contre le système actuel d'éducation; mais à l'égard du Positivisme, elles sont imméritées, car précisément le Positivisme ne donne pour but à l'instruction des femmes ni la conquête des diplômes, ni l'obtention des emplois. L'instruction donnée à toutes en vue du perfectionnement personnel, et non des titres académiques, ne fera pas de déclassées; si elle est dirigée d'après le point de vue social propre au Positivisme, elle ne risque pas non plus d'hypertrophier les vanités et de pousser au dédain d'une honnête occupation quelconque.

Si l'on demande à quoi servira donc cette instruction donnée aux femmes, si elle ne doit procurer ni parchemin officiel, ni emploi, nous répondrons d'abord qu'il n'est pas indifférent pour la génération prochaine ni pour celles qui suivront que les femmes restent ou non dans leur état d'infériorité d'instruction, ne serait-ce qu'au point de vue de l'hérédité cérébrale de l'espèce.

Nous répondrons encore que l'harmonie familiale et l'harmonie sociale exigent absolument que la femme ne pense pas différemment de son mari, qu'il faut combler le fossé qui se creuse de plus en plus entre leurs deux mentalités, et que cet état de schisme est funeste à tous les deux.

Nous répondrons encore que la femme a besoin moins de savoir beaucoup que d'avoir de tout des clartés positives et des notions réelles, non seulement pour communier intellectuellement avec son mari, mais aussi afin de pouvoir mieux élever ses enfants. Si le Positivisme tient tant à l'instruire, c'est qu'il entend lui demander beaucoup, et comme compagne de l'homme et comme éducatrice.

Cette cause n'a pas besoin d'être plaidée longuement auprès des femmes. Le plus grand nombre des jeunes filles montre pour l'étude une ardeur parfaitement désintéressée et y est poussé par le seul instinct du perfectionnement. Il suffit qu'elles n'en soient pas détournées. C'est un motif sérieux d'espérer que le Positivisme les attirera par la perspective même des grands devoirs qu'il leur impose.

Sans prendre parti dans la question trop discutée de l'égalité des sexes sous le rapport de l'intelligence, c'est-à-dire de l'aptitude artistique, scientifique et philosophique, il est permis de croire que les femmes, qui n'ont fait de grand chef-d'œuvre en aucun genre, n'ont pas jusqu'ici donné toute leur mesure. Ce n'est pas que le loisir leur ait manqué, mais c'est peut-être la préparation. Elles ont sans doute à tenir désormais dans le développement esthétique et moral d'une Humanité devenue plus pacifique un rôle plus important que par le passé. Peut-être augmenteront-elles aussi le trésor per-

manent des chefs-d'œuvre faits jusqu'ici par les hommes
et que les générations se transmettent et admirent tour
à tour. L'exemple de Sophie Germain est là pour prouver
qu'une femme peut avoir une véritable vocation scientifique et une originalité philosophique, et que, quand
elle les a, les circonstances même peu favorables ne
l'empêchent pas de se révéler.

Beaucoup de talents féminins très honorables, sinon
de tout premier plan, se sont signalés en des genres
divers, mais plutôt secondaires et n'exigeant pas les su-
prêmes qualités de pensée et d'expression. Mais la poésie
n'a pas seulement à idéaliser la vie des nations et les
grandes crises de l'Humanité, tout l'art ne consiste pas
à faire des poèmes épiques ou des tragédies. Il est des
genres moins élevés. La plus modeste vie de famille, la
plus humble destinée humaine, l'enfance et ses grâces,
la nature, même en ses aspects journaliers, dégagent
une poésie intime que les femmes sont plus aptes à sentir
et à exprimer. Elles l'ont prouvé dans des romans exquis
et encore mieux dans les épanchements du genre épis-
tolaire.

Au reste, il importe fort peu à l'avenir de l'Humanité
que la production littéraire ou artistique des femmes
soit plus ou moins considérable, en qualité ou en quan-
tité ; ce qui importe autrement, ce dont l'Humanité ne
saurait se passer, c'est qu'elles soient de bonnes mères
de famille. — Comme l'écrit Joseph de Maistre à sa fille,
les femmes font quelque chose de plus grand que tous
les chefs-d'œuvre : *c'est sur leurs genoux que se forme
ce qu'il y a de plus excellent au monde : un honnête
homme et une honnête femme.*

Celles qui dépensent dans l'œuvre de l'éducation ce
qu'elles auraient pu dépenser en travaux littéraires ne
doivent rien regretter. Elles remplissent leur destinée.
Les beautés cachées de leur intelligence ne sont pas

perdues. Elles brilleront quelque jour dans leur descendance en une floraison de talent ou de haute vertu. La généalogie des grands hommes est instructive à cet égard.

L'idéal serait que chaque mère fût capable de donner à ses enfants non seulement l'éducation, mais aussi l'instruction élémentaire, et ne les confiât pas à d'autres mains et surtout ne s'en séparât pas, comme on fait aujourd'hui, dès la plus tendre enfance. Elever l'enfant est l'œuvre la plus importante pour la société, et c'est aussi l'œuvre féminine par excellence, vers laquelle les femmes devraient faire effort de volonté et d'étude. Malheureusement, elle est abandonnée à la routine et à l'empirisme, et la plupart suivent simplement leur instinct de faiblesse et de bonté aveugle.

Comment s'en étonner, puisque les jeunes filles se préparent si peu à cette tâche difficile? Une fois terminée leur instruction et conquis le diplôme qui la consacre, la plupart d'entre elles passent leurs belles années comme si elles n'avaient d'autre rôle en perspective que de plaire aux yeux, jusqu'au jour où elles sont improvisées épouses, étrangères aux conceptions de leur mari, et mères, étrangères aux questions d'éducation physique et morale de l'enfant.

De même que le jeune homme se prépare à la profession qu'il a choisie, la jeune fille doit se préparer à la fonction qui lui est dévolue et qui a l'immense avantage d'être une fonction synthétique qui ne la spécialise pas, mais qui met en jeu tout son être intellectuel et moral. Bien loin qu'elle soit facile, il n'en est pas de plus complexe. La femme qui réunit toutes les qualités nécessaires pour être à la fois une bonne épouse, une maîtresse de maison sociable, une ménagère économe, qui garde sur sa personne et fait régner autour de soi l'ordre, la mesure et, autant que possible, la beauté, est déjà bien digne de notre admiration ; joignez à cela le fardeau

et les devoirs de la maternité et dites s'il est beaucoup
de fonctions viriles qui réunissent la même somme de
devoirs. Et pourtant on élève les jeunes filles plutôt en
vue de les marier qu'en raison du rôle qu'elles auront à
remplir une fois mariées.

En réalité, à l'instruction générale commune aux deux
sexes, elles devraient faire succéder les études acces-
soires utiles à leur rôle d'éducatrices et ne s'y croire
jamais assez préparées. Nous n'avons pas à faire le programme de cette éducation complémentaire qui occupe-
rait avec autant d'agrément que d'utilité des années de
désœuvrement qui ne sont pas exemptes d'ennui.

Il nous paraît du moins évident que l'art doit y tenir
une grande place, non seulement les arts d'agrément,
comme il est assez d'usage, mais l'histoire des arts et la
connaissance de tous les chefs-d'œuvre. C'est par eux
que l'enfant doit être d'abord initié à l'épopée humaine,
c'est eux qui doivent former son âme aux admirations et
ouvrir son intelligence. Ils sont par excellence l'école
où de bonne heure le jeune homme recevra cette haute
leçon de morale que son amour pour la femme doit être
fait avant tout de respect et de dévouement chevaleresque. L'art doit jouer dans l'éducation individuelle le
même rôle que dans le développement de l'Humanité et
avec bien plus d'intensité, puisque chacun de nous est
riche de tout le passé. L'enseignement théorique et abstrait ne doit venir qu'ensuite; mais avant que l'enfant
soit remis aux mains des maîtres qui le lui donneront, la
mère devrait couronner son œuvre d'éducation morale
par cette initiation esthétique.

Elle est la source de perfectionnement où, fort heureusement, l'Humanité pourra toujours et de plus en plus re-
tremper sa moralité.

Versailles. — Imprimerie Aubert.

9 782016 169216